星際使者

伽利略

李寬宏 著

三民書局

獻給孩子們的禮物

主編的話

　　世界上最幸福的孩子，是他們一出生就有機會接近故事書，想想看，那些書中的人物，不論古今中外都來到了眼前，與他們相識，不僅分享了各個人物生活中的點滴，孩子們的想像力也隨著書中的故事情節飛翔。

　　不論世界如何演變，科技如何發達，孩子一世幸福的起源，仍然來自於父母的影響，如果每一個孩子都能從小在父母親的懷抱中，傾聽故事，共享閱讀之樂，長大後養成了閱讀習慣，這將是一生中享用不盡的財富。

　　三民書局的劉振強董事長，想必也是一位深信讀書是人生最大財富的人，在讀書人口往下滑落的多元化時代，他仍然堅信讀書的重要，近年來，更不計成本，連續出版了特別為孩子們策劃的兒童文學叢書，從「文學家」、「藝術家」、「音樂家」、「影響世界的人」系列到「童話小天地」、「第一次」系列，至今已出版了近百本，這僅是由筆者主編出版的部分叢書而已，若包括其他兒童詩集及套書，三民書局已出版不下千百種的兒童讀物。

　　劉董事長也時常感念著，在他困苦貧窮的青少年時期，是書使他堅強向上，在社會普遍困苦，而生活簡陋的年代，也是書成了他最好的良伴，他希望在他的有生之年，分享這份資產，讓下一代可以充分使用，讓親子共讀的親情，源遠流長。

　　「世紀人物 100」系列早就在他的關切中構思著，希望能出版

孩子們喜歡而且一生難忘的好書。近年來筆者放下一切寫作，接下這份主編重任，並結合海內外有心兒童文學的作者共同為下一代效力，正是感動於劉董事長致力文化大業的真誠之心，更欣喜許多志同道合的朋友，能與我一起為孩子們寫書。

「世紀人物100」系列規劃出版一百位人物故事，中外各占五十人，包括了在歷史上有關文學、藝術、人文、政治與科學等各行各業有貢獻的人物故事，邀請國內外兒童文學領域專業的學者、作家同心協力編寫，費時多年，分梯次出版。在越來越多元化的世界中，每個人都有各自的才華與潛力，每個朝代也都有其可歌可泣的故事，但是在故事背後所具有的一個共同點，就是每個傳主在困苦中不屈不撓，令人難忘的經歷，這些經歷經由各作者用心博覽有關資料，再三推敲求證，再以文學之筆，寫出了有趣而感人的故事。

西諺有云：「世界因有各式各樣不同的人群，才更加多采多姿。」這套書就是以「人」的故事為主旨，不刻意美化傳主，以每一位傳主的生活經歷為主軸，深入描寫他們成長的環境、家庭教育與童年生活，深入探索是什麼因素造成了他們與眾不同？是什麼力量驅動了他們鍥而不捨的毅力？以日常生活中的小故事，來描繪出這些人物，為什麼能使夢想成真。為了引起小讀者的興趣，特別著重在各傳主的童年生活描述，希望能引起共鳴。尤其在閱讀這些作品時，能於心領神會中得到靈感。

和一般從外文翻譯出來的偉人傳記所不同的是，此套書的特色是，由熟悉兒童文學又關心教育的作者用心收集資料，用有趣的故

事，融入知識，並以文學之筆，深入淺出寫出適合小朋友與大朋友閱讀的人物傳記。在探討每位人物的內在心理因素之餘，也希望讀者從閱讀中，能激勵出個人內在的潛力和夢想。我相信每個孩子在年少時都會發呆做夢，在他們發呆和做夢的同時，書是他們最私密的好友，在閱讀中，沒有批判和譏諷，卻可隨書中的主人翁，海闊天空一起遨遊，或狂想或計畫，而成為心靈知交，不僅留下年少時，從閱讀中得到的神交良伴（一個回憶），如果能兩代共讀，讀後一起討論，綿綿相傳，留下共同回憶，何嘗不是一幅幸福的親子圖？

2006 年，我們升格成為祖字輩，有一位朋友提了滿滿兩袋的童書相送，一袋給新科父母，一袋給我們。老友是美國國家科學院院士，曾擔任過全美閱讀評估諮議委員，也是一位慈愛的好爺爺，深信閱讀對人生的重要。他很感性的說：「不要以為娃娃聽不懂故事，我的孫兒們一出生就聽我們唸故事書，長大後不僅愛讀書而且想像力豐富，尤其是文字表達能力特別強。」我完全同意，並欣然接受那兩袋最珍貴的禮物。

因為我們同樣都是愛讀書、也深得讀書之樂的人。

謹以此套「世紀人物 100」叢書送給所有愛讀書的孩子和家庭，以及我們的孫兒——石開文，他們都是世界上最幸福的孩子，因為從小有書為伴，與愛同行。

親愛的小朋友和大朋友：

　　　　長久以來一直有個疑問 ， 也許你可以幫我解答 ： 為什麼大家對明星八卦會比對科學上的重大事件有興趣？難道說「某女明星從韓國拍片回來瘦了兩公斤」這件事會比「某國的科學家在銀河系的天鵝座發現一個黑洞」更重要？

　　你也許會說：「哎呀，天鵝座離我們一千八百光年，太遙遠了啦。但是那個女明星就住在天母呢！」我實在不想掃你的興，不過我可以和你打賭，那個女明星雖然住在天母，而且她家和你家可能相隔只有一千八百公尺，但是，她和你的距離絕對不會比天鵝座近。

　　好，回到原來的問題，那麼到底是什麼原因，使得大家一談到林志玲、侯佩岑、周杰倫就興致勃勃，但是一聽到伽利略、牛頓、愛因斯坦就猛打哈欠呢？

　　我想了很久，得到一個可能的答案：也許科學家和有關科學的事情比較沒趣吧？不過這個答案也是有點漏洞，因為有些科學的事情其實和大明星的體重或緋聞一樣有趣哩。比方說，在太陽系的八大行星當中，有一個行星，如果你能去那裡旅行，在那裡你會看到太陽是從西邊出來。不但如此，在那裡，一天的時間比一年還要長！這事情可是千真萬確，不是我瞎掰的。你如果不信，瞄一眼這本書的目次就知道了。

或者科學家都很枯燥乏味，跟他們在一起不好玩？其實也不會啊，據我所知，愛因斯坦會彈鋼琴和拉小提琴，費曼會打鼓和開別人的保險箱，伽利略會彈魯特琴（像吉他的一種樂器）和畫畫，都算是多才多藝的才子。愛因斯坦結過兩次婚，費曼的把妹功夫一流，伽利略和一個女孩子同居。這些傢伙的愛情生活可是一點都不單調呢。

　　那就只剩下一個答案了——有些科學書寫得太爛了！哎呀，我怎麼把你的思路引導到這個方向來呢？這不是自搬磚頭自砸腳，和自己過不去嗎？不過，說真的，從小到大，我是讀了不少寫得超爛的理化教材和科普書，抹殺了身上不少偉大的科學細胞，所以絕對能瞭解你的心情啦。我只能謙卑的希望，這本書不要像一些其他的科學書一樣，成為你前往諾貝爾物理獎路上的絆腳石就好了。

　　如果你明明知道這是一本有關科學家的書，但還是拿起來看，我要向你敬禮，因為說真的，喜歡科學的人並不多。如果你本來是在找小 S 的《牙套日記》，但是看到這本書的書名《星際使者：伽利略》，以為伽利略是流行歌曲界的名經紀人，希望他能替你一圓星夢，請你也不要失望，氣呼呼的就把書放回架子上。請你給我五分鐘的時間，等你讀完這篇〈作者的話〉和目次，說不定你會決定當一個唱嘻哈、跳街舞的科學家哩。

　　古往今來從事科學工作的人很多，但真正能稱為大師的寥寥無幾。伽利略就是這寥寥無幾的大師之一，這也是為什麼我要寫他的原因。不過，請不要一聽到伽利略三個字，就把手舉高高說：「我知道！我知道！他就是那個發明望遠鏡的人！」

不是啦，望遠鏡是荷蘭人發明的，伽利略是義大利人。他是改良望遠鏡，然後用它觀測天空，發現許多星空祕密的人。

這些星空祕密奠定他在天文學上不朽的地位，但也給他帶來很大的麻煩，害他差點被宗教法庭抓去當烤肉。我不是想賣書，不過你如果真的想知道他到底為什麼會捅上宗教法庭這個馬蜂窩，只好請你去看書囉。

除了天文學之外，伽利略在物理學也有很大的貢獻。他用一個非常簡單的實驗，證實自由落體下墜的速度和重量無關，推翻了兩千年來錯誤的觀念。在他之前，研究物理的人都只是用想的，只要大家都認為：「嗯，這聽起來很合乎邏輯喔！」就行了，從沒有人想到要動手做實驗去看看那個理論到底對不對。

伽利略是第一個把實驗方法和數學分析帶進物理學的人，這兩個重要的觀念導致後來物理學的蓬勃發展，也因為這個原因，他被尊稱為「現代物理學之父」。

這不是一本硬梆梆、板著臉孔的科學家傳記，因為它不僅包含了關於伽利略的重要事蹟，也包含了許多相關的科學知識。所以，也許它比較像一本有男主角、有故事的科普書吧。不管是事蹟或科學知識，我都盡量以輕鬆的筆調書寫，希望你讀起來會像讀報紙影劇版那麼有趣。等你放下這本書時，也許你會發現月亮、金星、木星、太陽黑子、自由落體和某某人劈腿、某某人塑身、某某人想婚了等等一樣好玩哩。

謝謝簡宛老師給我這個寶貴的機會和

有趣的挑戰——寫一本輕鬆活潑的科學書。謝謝三民書局超酷的團隊在寫作過程中給我的支持、鼓勵和協助。蔣淑茹老師讀了這本書的初稿，給了許多很好的建議，我謝謝她。

寫書的人

李寬宏

　　臺灣屏東人。曾經非常痛恨物理和數學，認為它們是除了牙醫以外，世界上最可怕的東西。後來遇到一些好老師，改變他的想法，也改變他的一生。他發現這些好老師有兩個共同的地方：1. 很少板書，更不會寫一大堆方程式嚇人。整堂課就是舉很多實例講觀念，而且講得超清楚；2. 鼓勵發問，再「愚蠢」的問題都回答得透徹明白。

　　臺灣清華大學核子工程學士，美國普度大學機械工程碩士、博士。在美國大公司工作 20 年後，創業作工業產品的進出口。

　　喜歡物理、數學，也喜歡文學、音樂、舞蹈。現在正在學阿根廷探戈和巴哈的《十二平均律》。替三民書局的「兒童文學叢書」寫過三本書：《愛唱歌的小蘑菇——歌曲大王舒伯特》（音樂家系列），《兩千五百歲的酷老師——至聖先師孔子》（影響世界的人系列），和《鈴，鈴，鈴，請讓路！》（第一次系列）。

星際使者 伽利略

目次

伽利略

1564～1642

1 配角先出場

　　你看電影時有沒有發現，如果是愛情喜劇，通常會先派一些醜男和醜女出場，搞一些表面上看起來煽情，其實很滑稽的把戲；如果是動作片，就叫一些小癟三先胡打一通，培養觀眾的情緒。然後，那兩個很有氣質的俊男美女，或者那個超帥超酷的大英雄，才慢慢現身。

　　我們這本書的主角當然是著名的天文學家和物理學家伽利略，但是配角既不是醜男，也不是名不見經傳的小癟三，而是大名鼎鼎的亞里斯多德。

　　亞里斯多德到底是何方神聖？先把他的來歷簡單介紹一下：他是希臘人，這老兄學問

通天，不管是哲學、文學、心理學、邏輯學、政治學、倫理學、生物學、氣象學、物理學、天文學，幾乎只要是你想得到的學科，他都要插一腳，而且都有重要的貢獻。不僅如此，他還教了一個很有名的學生——亞歷山大大帝*。

你心裡一定在納悶，亞里斯多德既然這麼拉風，怎麼會淪落到當我們的配角呢？因為他在物理學和天文學上犯了一些嚴重的錯誤，被我們的主角伽利略「爆料」。

科學知識本來就是不停累積的，越晚出生的人越占優

放大鏡

＊亞歷山大大帝　（Alexander the Great，西元前 356～前 323 年）馬其頓的統治者，二十歲時繼承王位。在位的十三年間征服了希臘、波斯、埃及，最後領軍從阿富汗穿過興都庫什山脈入侵印度，版圖橫跨歐亞非三洲。雄才大略，驍勇善戰，是歷史上很有名的征服者。三十三歲時因病去世。

勢。比如說你會上網聊天，但是你的「阿公」在你這個年紀的時候就不會，因為那時根本還沒有個人電腦！亞里斯多德會犯這些錯誤，主要是因為他出生在兩千四百年前，那時候的科技當然比伽利略的時代要落後；還有，亞里斯多德有時候太注重邏輯推理，而忽略了用實驗去驗證他的理論。

不過，即使有這些錯誤，整體來說，亞里斯多德對人類文明的貢獻還是非常了不起，他依舊是我們尊敬的偉人。

伽利略到底抓到亞里斯多德的什麼小辮子？請看下回分解。

2 是真的嗎？

　　亞里斯多德非常聰明，有時難免有點臭屁，以為天底下萬事萬物的道理只要用腦筋想就通了，不必花功夫做實驗去證明。這種作學問的態度在哲學或神學的領域也許行得通，但用在科學上就可能擺烏龍。

　　在伽利略的時代，亞里斯多德已經去世快兩千年，但是學術界還是奉亞里斯多德為無上的權威，只要是他說的話，一定是絕對的真理，大家都照單全收，沒有人會想去挑戰他的想法。

　　比如說，他主張「重的東西掉落的速度要比輕的東西快。而且，東西越重，掉得越快。」這個說法乍聽之下很合乎

我們的直覺：對啊，重的東西本來就應該掉得比較快啊。你如果問為什麼，大家一定說本來就應該這樣啊。因為道理「太明顯」了，反而沒有人想到要去做實驗，看看到底是不是真的是這麼一回事。

　　伽利略偏偏不信邪，他不但喜歡打破沙鍋問到底，而且喜歡做實驗來檢查看看理論對不對。他的想法和亞里斯多德不同：他認為不管重的東西或輕的東西，掉落的速度應該都一樣。伽利略那時候才二十五歲，剛開始在他家鄉的比薩大學＊教書。他把這個想法告訴

放大鏡 ＊嘿，先別流口水，是比薩 (Pisa) 大學，不是披薩 (pizza) 大學啦！要不然，打破頭我也要去那裡「深造」了。比薩在義大利，那個很有名的斜塔就在這裡。很巧的是，披薩也發源自義大利。

其他教授。那些教授年紀都比伽利略大很多，他們表面上裝成很有禮貌的樣子聽著，嘴裡不說什麼，心裡卻很不以為然，一直在嘀咕：「這個嘴上無毛的傢伙可是自大得很呢，居然說亞里斯多德錯了，而他才是對的。真是個不知天高地厚的傢伙。哼！」

　　伽利略知道光用嘴巴講絕對不能說服別人，於是在比薩大學的布告欄貼了一張海報：

號外！號外！
伽利略 VS. 亞里斯多德

下星期五下午三點整，伽利略教授將於比薩斜塔舉行一場表演，證明亞里斯多德關於自由落體＊的理論大錯特錯。這是歷史性的盛會，請大家告訴大家，千萬別錯過！

　　海報一貼出來，立刻全校轟動。那些老教授氣得吹鬍子、瞪眼睛，不停的搖頭嘆息說：「反了！反了！」學生則爭相走告，大呼：「這個伽利略有種！」

　　表演那天，伽利略帶了兩個鐵球爬上五十五公尺高的塔頂。兩個鐵球一個重 5 公斤，一個重 0.5 公斤。因為兩個鐵球重量的「比」為 10 比 1，照亞里斯多德的理論，如果讓它們從塔頂掉下去，5 公斤鐵球的掉落速度，應該是 0.5 公斤鐵球掉落速度的 10 倍，所以會先著地。

放大鏡

＊所謂自由落體，就是除了地球的引力外，不受其他外力的落體。一個蘋果從樹上自己掉下來是自由落體；如果樹上躲了一隻頑皮的猴子，摘了蘋果往下丟，那個蘋果除了地球的引力之外，還受到猴子丟擲的力量，所以不是自由落體。

可是，照伽利略的想法，這兩個鐵球的掉落速度一樣，所以應該同時著地。到底誰對誰錯？

塔頂聚集了一些人來見證伽利略確實把兩個鐵球同時鬆手；斜塔底下則人山人海，圍滿了全校師生，要看比較重的鐵球是不是會先著地。

大家期待的一刻終於到來。伽利略雙手平舉，一手一個鐵球。一個老教授大聲發號司令：「預備！一——，二——，三——，放手！」

伽利略同時鬆開雙手，兩個鐵球很快往下掉。塔底的觀眾個個瞪大眼睛，張大嘴巴，看著兩個鐵球往下掉，往下掉，往下掉……然後，「啪！」的一聲巨響，兩個鐵球同時落地。伽利略是對的，亞里斯多

德錯了！

斜塔底下的學生爆出一陣歡呼：「耶——！伽利略萬歲！」他們又叫又跳，有的人把帽子脫下來往空中丟，有的人乾脆跳起舞來了。那些老教授嘛——則臉色鐵青，心裡非常不爽，頭一直搖個不停，不敢相信自己的眼睛。

亞里斯多德提出這個似是而非的理論之後，大家只是盲目的相信權威，沒有人敢問：「是真的嗎？」這麼一個簡單的實驗，居然要等兩千年才由伽利略來做，未免太離譜了吧？

你如果是一個觀察力敏銳的人，也許會問：「等一下，我發現羽毛掉落的速度的確比石頭慢很多，難道不是因為羽毛比較輕而石頭比較重嗎？說不定亞里斯多德還是有點道理

哩。」

　　不是啦，那是因為空氣浮力的關係。羽毛和石頭都受到空氣浮力的影響，但是因為羽毛很輕，空氣浮力對它的影響比對石頭大很多，有時你甚至會看到它不是往下掉，而是往上飄。如果在真空中，沒有空氣浮力，它們掉落的速度其實是一樣的。

　　1971 年 8 月 2 日，阿波羅十五號太空船的太空人史考特，就在月球上做了這個羽毛掉落的實驗，過程經由衛星向地球作實況轉播。史考特把一根羽毛和一把釘鎚同時鬆手，因為月球上沒有空氣，結果它們同時落地。然後史考特很幽默的對地球上的觀眾說：「這證明伽利略先生的理論非常正確。」

　　在經過比薩斜塔實驗以後，伽利略繼續研究自由落體的理論。為了把落體的速度降低，以便觀察和記錄實驗的結果，他用了一個很聰明的辦法：在實驗室裡讓鐵球從斜面上滾下來。如此一來，他再也不用辛辛苦苦爬到比薩斜塔上丟鐵球。從無數次的實驗和許許多多的數據，他歸納出兩條非常重要的結論：

(1) 自由落體不是以等速下墜，而是一直在加速。

　　事實上，它下墜的速度和時間成正比。比如說，下墜 1 秒鐘後它的速度是每秒 10 公尺， 2 秒鐘後速度是每秒 20 公尺， 3 秒鐘後的速度是每秒 30 公尺等等。

⑵ 自由落體下墜的距離和下墜時間的平方成正比。

一個數目的平方就是它乘上自己，例如：3 的平方等於 3×3＝9；4 的平方等於 4×4＝16；9 的平方等於 9×9＝81。

所以，這個結論是說，如果一個物體下墜 1 秒鐘以後落下 5 公尺（即 5×1×1），2 秒鐘後會落下 20 公尺（即 5×2×2），10 秒鐘後它會落下 500 公尺（即 5×10×10）。前面計算下墜距離的公式中那個 5 叫做比例常數，和地心引力有關，這不是瞎掰的，以後你在物理課會學到（其實正確的數目應該是 4.903325，但是為了說明方便，用 5 比較簡單）。

你知道伽利略這些實驗的結果有多重要嗎？著名的牛

頓＊三大定律的頭兩條就是來自這兩個結論。這就是為什麼當人家誇獎牛頓說：「你在物理學的貢獻這麼偉大，真是個曠世奇才啊。」他會很不好意思的說：「沒有啦，我只是剛好站在巨人的肩膀上而已。」伽利略就是牛頓心中的巨人之一。

在伽利略之前，研究物理學的人都是用亞里斯多德的方法，也就是冥想加上邏輯的推演。伽利略是第一個把實驗和數學分析帶進物理學，使得物理學能蓬勃發展的人。因此，他被後世的學者尊稱為「現代物理學之父」。

放大鏡

＊**牛頓** （Isaac Newton，1642～1727 年）
是英國的大物理學家和數學家，發現萬有引力定律，提出物體運動的三大定律，也發明了微積分。他出生那一年，剛好是伽利略去世那一年。

3 不當蒙古大夫

　　數學課下課時，李奇教授把伽利略叫住：「嘿，看你今天無精打彩，和女朋友吵架啦？」

　　伽利略說：「不是啦，昨天晚上我老爸看了我的成績單，不但發現我都是選數學相關課程，醫學本科的課反而選得很少，而且看到醫學院的缺課通知單，把他給氣瘋了，所以把我"K"得滿頭包。今天晚上還有得吵呢。」

　　李奇嘆了一口氣，說：「唉，看樣子是我害了你了。這兩天我去拜訪你父親，跟他說說吧。」

　　伽利略在十七歲時進入比薩大學就讀，註冊為醫學院的學生。他家裡的經濟情況並不

是很好，所以他爸爸希望他將來當醫生，可以多賺點錢幫助家計。可是他對醫學沒興趣，卻非常喜歡數學，因此選了李奇的數學課，也常常從醫學院蹺課，跑去旁聽其他教授的數學課。

李奇很賞識他的數學才華，給他許多鼓勵，還把大數學家歐基里德＊和阿基米德＊的經典作品借他。伽利略讀這些數學名著讀得入迷，對他來說，這些書簡直比武俠小說和漫畫書還要好看一萬倍。可是，他一碰到醫學的書，頭就脹得快爆炸。

兩天後，李奇到伽利略家拜訪，和伽利略的父親在書房關門密談。伽利略急死了，很想要知道情況。他把耳朵貼在書房門上偷聽，卻什麼也聽不

見ㄐㄧㄠˇ。

放大鏡

＊歐基里德 （Euclid，西元前 325～前 265 年）希臘的大數學家，幾何學的祖師爺。他最著名的著作是總共十三冊的《幾何原理》。

＊阿基米德 （Archimedes，西元前 287～前 212 年）他就是那個在洗澡時從浴缸跳出來，光著身子跑到外面，一面大喊："Eureka! Eureka!"（我找到了！）的希臘數學家。

他到底找到什麼，會興奮成那個樣子？

國王請工匠用純金打造了一頂皇冠，皇冠的重量雖然沒錯，但是國王還是懷疑工匠揩油黃金，然後偷加了別的金屬代替。懷疑歸懷疑，並沒有任何證據，於是國王請阿基米德調查。

阿基米德想得一個頭三個大，還是想不出有什麼好辦法查明真相。有一天，他在泡澡時看到浴缸的水溢出去，靈感就來了：浴缸的水會溢出去是因為身體把水擠走了，身體有多少泡在水裡，就會擠走同樣體積的水。

同理，把一頂皇冠放入裝滿水的盆內，也會擠走和皇冠同體積的水。如果皇冠是純金的，它擠走的水量應該和一個等重的金塊擠走的水量相同 （因為純金皇冠的體積和金塊的體積相等）。

反之，如果皇冠加了別的金屬（雜質），因為別的金屬比純金輕，為了讓皇冠達到規定的重量，需要加很多「雜質」，使得這頂皇冠的體積變成大於純金皇冠的體積（也就是金塊的體積），這時皇冠排出的水量就會大於金塊排出的水量。

所以只要比較皇冠排出的水量和金塊排出的水量，就可知道工匠有沒有撒謊。

洗澡居然能找到解決難題的答案，難怪阿基米德要興奮得光著身子從浴缸衝出去了。

書房內，伽利略的父親氣呼呼的對李奇說：「奧斯帝禮歐＊，你也未免太不夠意思了！伽利歐＊蹺課又偷選了一大堆數學課，你不但不阻止他，居然還幫他瞞我！」

李奇說：「文生吉歐＊，我們是多年的好朋友，我怎麼會騙你？如果伽利歐蹺課去玩，我一定第一個告訴你，但是他是跑來旁聽我們數學系的課呀。」

「最可惡的是，他將來要當醫生，結果醫學院的課不

放大鏡

＊李奇是姓，奧斯帝禮歐是名。

＊伽利略是姓，伽利歐是名。

＊**文生吉歐** （Vincenzo Galilei，1520～1591 年）是伽利略老爸的名字，他當然也姓伽利略囉。他是一個很傑出的作曲家和魯特琴的演奏者，寫過魯特琴演奏法的書，也發表過很多魯特琴譜和流行歌曲的曲譜。但是在這本書裡，他也只是個配角，所以當我們說伽利略時，指的都是他兒子伽利歐・伽利略。

上，卻跑去修了一大堆數學課！他將來難道用數學替人家治病啊，真是混蛋！」伽利略的老爸越說越火大。

李奇很平靜的說：「文生吉歐，你知道嗎，伽利歐一點都不想當醫生，是你要他當醫生。」

停了一會兒，李奇又說：「伽利歐是個很聰明、很用功的孩子，但是他的興趣在數學，而不在醫學。與其強迫他學醫，將來當個不快樂的蒙古大夫＊，不如讓他隨性發展，成為一個快樂的數學家。」

文生吉歐對於兒子不肯當醫生覺得很失望，可是他想到自己年輕時其實也非常叛逆，無論做什麼事都有自己的一套

 放大鏡

＊蒙古大夫　就是醫術超爛的醫生。

想法，根本不甩權威人士的威脅利誘。也許兒子遺傳到自己獨立的個性吧，他想。

於是他作了一個決定:「好吧，我聽你的，從現在開始，伽利歐可以不必選醫學院的課。不過，因為我的經濟情況，我只能讓他再讀一年。」

李奇很誇張的對著伽利略的老爸一面打躬作揖，一面說:「文生吉歐，你真是一個深明事理的模範父親啊。」

文生吉歐笑罵著說:「你少狗腿了，只要你以後不再扯我後腿，我就很感激了。」

一年之內，伽利略就把學校的數學課全部修完。不過，因為名義上他是醫學院的學生，卻只修了一兩門醫學院的課，所以不能參加畢業考試，當然也就拿不到畢業文憑。

離開學校後，伽利略一方面當數學家教維持生活，一方面把他在數學上的新發現寫成論文，寄給當時的學術界大師審核，建立自己的聲望。因為他的優異表現，四年後經由這些大師的推薦，他終於回母校比薩大學擔任數學教授。也就是在這段期間，他做了著名的自由落體實驗（請看第2章）。

一個連大學文憑都沒有的人，居然被聘為教授，夠跩吧＊？

放大鏡

＊ 1892年，在伽利略去世兩百五十年後，比薩大學終於給了他一個榮譽學位。

大象和小老鼠坐蹺蹺板

　　比薩大學是個小學校，風氣非常保守，學校的事情都操縱在一大堆腦筋死板的老教授手裡。這些老傢伙只知道抱著一本舊講義，成天念著亞里斯多德長、亞里斯多德短，好像他是他們的老祖宗似的。他們認為，只要是亞里斯多德說的話一定百分之百正確。拜託！在那個時候，亞里斯多德都已經死了兩千年了。他是很了不起沒錯，可是一個人再厲害，也不可能永遠對啊。

　　伽利略就不吃這一套，對的他就說對，錯的他就說錯，有疑問的時候就做實驗求證，不靠空想或瞎掰，所以他才會在比薩斜塔做自由落體實驗

（請看第 2 章）。

伽利略這種實事求是的個性當然和那些糊糊塗塗混日子的老教授格格不入，再加上他一天到晚公然批評亞里斯多德，更是讓他們恨得牙癢癢的。不但如此，伽利略的薪水低得可憐，只有那些老教授的十分之一。也就是說，如果他們每個月領十萬臺幣，伽利略只領一萬。這樣的情況使得他在比薩大學教得很不高興，因此，伽利略教了三年後便不再和學校續約。

離開比薩大學後，經由一些貴族朋友的介紹，伽利略進入帕多瓦大學當數學教授。帕多瓦大學在水都威尼斯附近，學術研究風氣蓬勃，教授的思想非常先進，是義大利頂尖的大學，很多歐洲其他國家的學

生都來這裡留學。除此之外，學校還把伽利略的薪水加倍。他在這裡如魚得水，度過十八年的快樂時光。

伽利略在帕多瓦大學教數學和簡單的天文學。這時他的父親已經去世，家庭經濟的重擔落在他身上。

為了增加收入，他租了一棟大房子分租給學生。學生當中有不少貴族子弟，畢業後要回家掌管家族產業。伽利略替他們補習，教他們如何丈量土地和防衛城堡，以收取一些補習費。

伽利略教的數學課包括歐基里德的《幾何原理》和機械原理。這些機械原理都是他實際操作或觀察的結果，不是坐在書房裡憑空想像出來的。他常到威尼斯去，和碼頭工人混

在一起，看他們用各式各樣的機械造船，還問東問西，很勤勞的作筆記。

那時候的大學教授很勢利，以為自己多了不起，根本不把勞工階級放在眼裡。所以起先碼頭工人覺得很奇怪，又有點懷疑：哪有堂堂一個大學教授和我們勾肩搭背、稱兄道弟的？這傢伙不是腦袋有問題，就是哪個國家派來的間諜！

經過一段時間，碼頭工人發現伽利略其實是個很用功的學者，而且人很好，一點也不擺架子，有空時也會教他們一點機械原理。於是工人變得很喜歡他，暱稱他「怪教授」，下工後常常邀他一起去喝一杯。

有一天在喝酒的時候，伽利

略調侃一個大胖子：「馬力歐，你不能再喝了。再喝，你就變成一個圓球了。」

胖子馬上反擊：「怪教授，看你這麼瘦，你可要多喝一點，要不然你要變成一根棍子了。」

伽利略說：「你變成圓球，我變成棍子，等你喝醉時，我一個人就可以利用槓桿原理＊把你一路滾回去，再也不必麻煩兩三個人抬你了。」

放大鏡

＊利用槓桿原理可以只用很小的力量就舉起很重的東西。比如說，路上有一個大石頭，擋了大家的路，可是沒有人能把它搬開。你可以用一根棍子（什麼材料不要緊，但是要夠堅固，不要被大石頭折斷了），插到大石頭底下。再找一顆小石頭頂在棍子下面當支撐點。小石頭越靠近大石頭越好。然後你把棍子的另一端用力往下壓，就可以把大石頭撬起來。這時你就變成一個大英雄了。

用槓桿省力的撇步是：受力點（大石頭）離支撐點（小石頭）越近越好；施力點（你用手壓的地方）離支撐點則越遠越好。這也是小老鼠能夠和大象玩蹺蹺板的祕密。

　　大家聽到了都哈哈大笑，一起瞎起閧:「對，對，馬力歐是槓桿原理最好的教材！」

　　等笑鬧夠了，馬力歐說：「我倒想起一件事，怪教授，蹺蹺板是不是也用槓桿原理？」

　　伽利略說:「當然是啊，它可以讓一個比較輕的人抬起一個比較重的人。你這問題問得很好，馬力歐，我一直以為我在教你們機械原理的時候，你都在睡覺。看來我是冤枉你了。」

　　馬力歐有點不好意思的說:「這個問題其實是維吉妮雅問的。」

　　維吉妮雅是馬力歐的女兒，今年十歲，非常聰明，有時會來碼頭玩。伽利略講機械原理時，她也會坐在她爸爸旁邊一起聽。

馬力歐又說:「維吉妮雅還問大象能不能和小老鼠坐蹺蹺板?」

其他工人笑死了,覺得小孩子的想法好奇怪。

伽利略卻說:「當然可以啊,可是你得告訴維吉妮雅,大象要坐得離蹺蹺板的支撐點很近、很近,小老鼠要坐得離支撐點很遠、很遠。而且,那個蹺蹺板要很長、很長。」

「多近?多遠?多長?」馬力歐迫不及待的問。

伽利略打趣他:「嘿,馬力歐,你很囉唆呢,怪不得維吉妮雅會問一些古靈精怪的問題。」

於是伽利略先教他們力矩的觀念:

所謂力矩,就是力量乘上施力點到支撐點的距離。蹺蹺

板達到平衡時，兩邊的力矩要相等。

　　假設大象重 1000 公斤，坐在離蹺蹺板的支撐點 1 公分（ 0.01 公尺 ）的地方。假設小老鼠重 0.01 公斤，牠需要坐離支撐點多遠，才能和大象玩蹺蹺板呢？

　　我們應用兩邊力矩相等的原理（要記得重量的單位都是公斤，距離的單位都是公尺喔）：

1000 （公斤）× 0.01 （公尺）= 0.01 （公斤）× ？（公尺）
大象的力矩　　　　　小老鼠的力矩

　　算出來了沒？你的答案是不是 1000 公尺？

　　所以小老鼠需要坐在離支撐點 1000 公尺遠的地方。哇塞，這個蹺蹺板可真長啊！可

是，怪教授說得沒錯，大象的確可以和小老鼠坐蹺蹺板！

5 改變命運的 一頓飯

　　吃一頓飯就會改變命運？太誇張了吧！不是東西不新鮮，害他食物中毒；也不是吃多了大魚大肉而消化不良。那麼到底是怎麼回事呢？

　　1609 年 5 月的一個晚上，伽利略去某個貴族家裡參加宴會。來賓都是威尼斯有頭有臉的人物：政府的高官、大貿易商、大學教授、當地的名醫等等。

　　吃飯的時候，主人問一個穿了一身名牌的胖子說：「塔迪歐，很高興你今天晚上能來。剛從荷蘭回來吧？」

　　胖子說：「是啊，昨天才到，今天還有點累。不過一想到你每次請客都有好東西吃，

就一點也不累了。嘿嘿。」胖子笑瞇瞇的說。他是個貿易商，常到歐洲各國出差。他有兩個主要的興趣：吃、賺錢。

「放心啦，不會虧待你的啦，看到那隻油光滑亮的烤乳豬沒有？那就是特地為你作的。喔，對啦，聽說荷蘭全國現在都在炒作鬱金香，把鬱金香球莖的價格哄抬得非常高。是真的嗎？」

「對啊，說起來你不會相信，現在在荷蘭啊，一顆鬱金香的球莖，就可以當女孩子的嫁妝。」

大家聽到胖子的話，都把眼睛瞪得像乒乓球那麼大，大叫說：「哇塞，太離譜了！太離譜了！」

伽利略一直搖頭，不敢相信自己的耳朵。一顆鬱金香的

球莖可以當嫁妝？前不久妹妹出嫁，嫁妝由他負擔，花了他整整兩年的薪水，他還必須到處借錢，到現在貸款都還沒還清。這些荷蘭人瘋了！

　　胖子好像聽到伽利略心裡的嘀咕，說：「不過大家不要小看荷蘭人*，以為他們只是沒大腦又死愛錢的瘋子。我在那裡的時候，就看到有一種玩具，可以讓人看得很遠，聽說是他們一家眼鏡行發明的。可見他們還是有一些聰明人在動腦筋。」

放大鏡

　　*胖子說得沒錯，荷蘭雖然是一個小國，但的確有值得我們尊敬和學習的地方。他們發明了望遠鏡、顯微鏡、時鐘（運用伽利略發現的單擺原理），也發展出光線的波動理論和折射原理。

　　伽利略在比薩大學教書的時候，從教堂吊燈的擺盪得到靈感，發現單擺擺盪的時間和擺盪的幅度無關，只和單擺的長度有關。單擺越長，則擺盪的時間越久。可惜他沒進一步用這個原理發明出時鐘，卻讓荷蘭人把功勞搶去了。

這個玩具聽起來比鬱金香球莖有意思多了，伽利略想。一個能令人看得很遠的儀器，可以幫他解決好多天文學上的問題！他趕快問胖子：「請問那個玩具長什麼樣？」

胖子說：「其實它很簡單，只是一根金屬管子，然後在兩端裝上鏡片。我試了一下，大概可以把遠方的東西放大三倍。」

伽利略一聽，心臟差點從嘴巴跳出來。「這麼簡單，卻又這麼聰明的設計，我居然沒想到！」他在心裡責怪自己。他知道荷蘭人一定是用一片凸透鏡和一片凹透鏡組成一個望遠鏡。

回到帕多瓦大學，他馬上開始動手設計，一星期後，就製造出像荷蘭人發明的那種望

遠鏡。它的確能把物體放大三倍，可是影像卻變得模糊不清，難怪只能當玩具。

伽利略重新設計，同時也找工匠替他研磨所需要的特殊鏡片。經過無數次的測試，三個月後新產品研發成功了，它能把物體放大九倍，而且影像不會模糊變形。

伽利略在威尼斯有一個好朋友，叫做薩匹，是政府的行政和神學顧問，常常會和伽利略討論他的研究成果。正在這個時候，薩匹寄來一封信（那時候還沒有 e-mail 啦！）：

親愛的伽利略：

好久不見，你好嗎？這邊的碼頭工人都很想念你呢！

聽說你最近一直忙著改良望遠鏡，不知道進展如何了？

上星期有一家荷蘭的大眼鏡商來威尼斯，想把製造望遠鏡的方法賣給政府，但是要價十萬金幣。我覺得他們的價錢實在太高了。

　　你能幫忙嗎？謝謝！

　　　　　　　　你忠實的朋友

　　　　　　　　　　薩匹

　　那個爛望遠鏡還敢要十萬金幣，這些荷蘭人把我們政府當凱子啊！我們可不會像他們炒作鬱金香那樣炒作他們的望遠鏡哩！伽利略越想越氣，馬上帶著他的九倍望遠鏡，到威尼斯找薩匹。

　　薩匹看到伽利略和他的望遠鏡非常高興，立刻請政府停止和荷蘭商人的談判，而且替伽利略安排幾天後在威尼斯的鐘樓頂上，向國會議員（類似

我們的立法委員）和政府官員展示他的望遠鏡。

鐘樓高約一百公尺，差不多等於三十層樓，螺旋狀上升的樓梯又窄又陡，讓一些平常養尊處優，身材胖嘟嘟的大官爬得氣喘如牛，減掉不少肥肉。

一個年輕力壯的國會議員最先到達鐘樓頂上，看到伽利略已經把望遠鏡架好，站在旁邊笑瞇瞇的等他。

「議員先生，辛苦您了！」伽利略說。

年輕議員一面喘氣，一面指著望遠鏡說：「就這玩意兒？」

伽利略點點頭。議員把眼睛湊到望遠鏡的目鏡，看了半天，把眼睛離開望遠鏡，用肉眼瞇著眼睛看遠方。然後，回到望遠鏡，離開望遠鏡，回到

望遠鏡，離開望遠鏡，這樣搞了好多次以後，滿臉困惑的抬起頭來。

「議員先生，有什麼問題嗎?」伽利略關心的問。

「我不瞭解，我在望遠鏡裡看到一間教堂，可是用肉眼卻連教堂的影子也看不到。」議員說。

伽利略微笑著問:「您覺得那是哪裡的教堂?」

議員說:「看起來像……帕多瓦的教堂。但這是不可能的，因為帕多瓦離這裡實在太遠了。」

伽利略說:「您看到的的確是帕多瓦的教堂。這是一架九倍的望遠鏡，可以把目標的距離縮短九倍。」

帕多瓦離威尼斯三十二公里，透過伽利略的望遠鏡，看

起來好像只是在三公里半的地方。

　　年輕議員再用望遠鏡看了一次，興奮得滿臉通紅，對著樓梯底下大叫：「喂！你們爬快一點，這望遠鏡實在太酷了！」

　　等其他議員跌跌撞撞爬上來，年輕議員就把伽利略那番話講給大家聽，好像他現在也變成望遠鏡權威了。

　　那些議員從望遠鏡看出去，看到帕多瓦教堂後，更是大聲驚叫：「天啊，簡直不可思議！」「太神奇了！太神奇了！伽利略你真是一個大天才！」

　　國防部長對於看教堂沒興趣，他把望遠鏡轉向威尼斯港。當他看到遠方要進港的船隻和船上的水手時，平常嚴肅拘謹的國字臉上，也綻開了難得的笑容。

「嘿嘿，以後敵人要攻打威尼斯沒那麼容易了，我們早早就可以發現他們的行蹤。」他想。

這時國會議長問伽利略：「伽利略教授，請問你這望遠鏡要賣多少錢？」

伽利略說：「議長先生，我希望能把這架望遠鏡捐贈給政府，這會是我最高的榮幸。」

國會議長顯然非常感動，說：「伽利略教授，我謹代表政府，向你致十二萬分的謝意！」

第二天，全體國會議員一致通過，禮聘伽利略為帕多瓦大學的終生教授，同時馬上把他的薪水增加一倍。

回到帕多瓦，伽利略並沒有鬆懈，他繼續研究，四個月後，製造出一架二十倍的望遠鏡。

「多年來的夢想終於可以實現了。」他想。

他不想看教堂，也不想看船。他把望遠鏡朝向——天空。用這架二十倍的望遠鏡，他發現許多不為人知的天空祕密。這些發現使他變成一個偉大的天文學家，但卻也替他惹了很大的麻煩，害他差點喪命。

而所有的這些榮耀和麻煩，都是因為去貴族家吃了那頓飯，聽到胖子談到荷蘭人的望遠鏡而開始的。真是天下沒有白吃的晚餐啊！

6 請問嫦娥在家嗎？

「五！四！三！二！一！發射！」倒數計時結束，巨大的農神五號火箭尾端噴出熊熊烈焰，自美國佛羅里達州的甘乃迪角太空基地慢慢垂直上升。火箭上載了阿波羅十一號的三個太空人，登月指揮艇和登月小艇老鷹號。這時是 1969 年 7 月 16 日美國東部時間上午 9 點 32 分。阿波羅十一號的任務：人類初次登陸月球。

7 月 20 日美國東部時間下午 4 點 18 分，老鷹號在月球降落。下午 10 點 56 分，任務指揮官阿姆斯壯從老鷹號的扶梯下來，一隻腳踩在月球表面，說了很酷的一句話：

「對我個人，這只是一小

步，但是對全人類，這是一大步。」*

阿姆斯壯說得不錯，他那一小步的腳印不但將永遠留在月球表面*，作為我們第一次登門拜訪嫦娥──這個四十幾億年的芳鄰的見證，也象徵人類科技的大躍進。事實上，我們對月球真正的瞭解是從伽利略開始的。

伽利略製造出二十倍的望遠鏡後，第一個瞄準的天體便是月球。他把觀測的結果畫下來，而且畫得非常精確。阿波羅十一號所拍的月球照片中，有些就和伽利略所畫的圖非常

＊這句歷史性名言的原文是：＂That's one small step for a man, one giant leap for mankind.＂
＊月球上沒有空氣也沒有水分，所以也就沒有風雨。因此，阿姆斯壯留在月球上的腳印，永遠不會消失。

相像。

　　從遠古以來一直到伽利略時代的天文學家，根據肉眼的觀察和自己的想像力，都認為月亮是個表面光滑如鏡的圓盤。但是伽利略透過二十倍望遠鏡所看到的卻完全不是這麼一回事——他看到的是一個外表凹凸不平的球體。

　　不但如此，伽利略還發現月亮許許多多「稀奇古怪」的事情：

(1) 在新月時，月亮上的明亮部分和黑暗部分的界線並不是圓滑的弧線，而是參差不齊的鋸齒。

(2) 月亮上明暗的界線附近，明亮的區域內有些小暗斑，黑暗部分則有些小亮塊。當界線移動

時，暗斑的面積會越來越小，
而亮塊的面積會越來越大。

根據這兩個觀察的結果，
再加上數學的運算，伽利略做
了一個讓當時的專家跌破眼鏡
的結論：月球上有很多山，而
且有些山高達七千公尺！

他怎麼得到月球多山的結
論呢？首先，如果月亮表面是
光滑的，那麼新月時明暗之間
的界線應該是一條圓滑的弧
線，而不是像在望遠鏡裡看到
的鋸齒狀。鋸齒狀的界線，來
自起伏的山脈。還有，在地球
上，日出時被太陽照亮的山峰
面積會一直增加，而山谷陰暗
的部分會越來越少，這和他所
看到在月球上光點和暗斑的變
化情形一模一樣。

新月的時候，如果你很仔

細觀察，會發現除了明亮的月眉外，月亮的其他部分也朦朧可見，並不是完全漆黑。這個現象叫做月亮的「灰光」，有人幫它取了一個很詩意的名字：「新月懷抱中的舊月」。

　　長久以來，人類就知道「灰光」的存在，也試著提出各式各樣的解釋，但沒有一樣能夠讓大家信服。有人說那是因為月亮自己會發光；有的說那是星光的反射；更離譜的，居然有人說那是太陽光穿透月球造成的。（拜託！再厲害的雷射光也穿不透月亮啊，更何況是陽光！）

　　一直到伽利略才有正確的解釋。他說：「新月時，地球和太陽分別在月亮的兩邊（請看下圖，這是由地球北極往下看的圖，地球的自轉和月球繞地

球的公轉都是反時鐘方向），所以月亮會受到地球很強烈的反射。換句話說，『灰光』是由地球反射的日光，照到背著太陽的月球表面所形成。」

○　　　←

○　　　←

地球　　月球　　陽光

　　說到對月亮的研究，中國宋朝的大詞人辛棄疾有一首非常有趣的詞，叫做〈木蘭花慢〉，是這樣開始的：

　　　　可憐今夕月，
　　　　　向何處，
　　　　　去悠悠？
　　　　是別有人間，
　　　　　那邊才見，
　　　　　光景東頭？

這是一首送月詞，前三句問說：我們這裡月亮西沉後去了哪裡呢？後三句是說：是不是到另外一個世界，而在那邊的人，看著它從東方升起？

你不覺得辛棄疾在講地球自轉嗎？

現在我們有先進的天文學知識，當然知道地球自西向東自轉，每二十四小時轉一圈，所以才有日夜的分別，也因此會看到月亮從東邊升起，從西邊落下。當我們東半球天亮時，月亮西沉，而那時西半球天黑，那邊的人會看到月亮東升。

可是，辛棄疾，一個早我們九百年，早伽利略四百年的人，怎麼會知道地球自轉的道理呢？你說好不好玩？

我們有許多關於月亮的故

事，像嫦娥奔月、玉兔搗藥、吳剛伐桂等等。這些美麗的傳說給了詩人很多很好的創作題材，所以古往今來，歌詠月亮的詩篇真是不勝枚舉。比方說，詩仙李白一生總共寫了大概一千首詩，而其中和月亮有關的就有四百多首。

伽利略先用望遠鏡偷窺嫦娥的宮殿，阿姆斯壯更代表全人類親自拜訪。在登陸月球後，許多人開始擔心，怕月亮的神祕從此消失，詩人看到月亮時再也不會有寫詩的靈感。其實，這種擔心是多餘的。舉個例子，我們從生物課學到花朵的結構，知道一朵花是由花托、花萼、花瓣、雄蕊、雌蕊所組成，但是這些科學知識一點也不影響我們對花的欣賞和喜愛。當我們看到百合、玫

瑰、蘭花、康乃馨時，還是一樣歡喜讚嘆啊！

同樣的道理，雖然現代的天文學教導我們月球表面山脈起伏，隕石坑遍布，一片死寂（因為沒有空氣傳聲），縱使在白天，天空也是一片漆黑（因為沒有空氣折射陽光），實在是一個長得很抱歉的「芳鄰」。但是在地球上，當滿月升起，月光像清冷的瀑布潑灑而下，我們仍然會不由自主的開始幻想，想起那些美麗的神話。這時，你如果仔細看，說不定在月亮裡還會看到搗藥的玉兔，伐桂的吳剛，和美麗、寂寞的嫦娥哩。

7

萬神之王的情人

　　1610 年 3 月 12 日伽利略出版了《星際使者》這本暢銷書，在歐洲造成大轟動，頭版五百本，不到幾天就賣光光，全歐洲大家什麼事都不幹，整天就是談伽利略和他的新書。最有趣的，這不是一本科幻小說、偵探小說、武俠小說、愛情小說、情色小說或爆料揭密的著作，而是一本記載他用望遠鏡觀察天空的科學報告！

　　這本書會那麼轟動，主要是因為它的內容實在太新奇有趣，記載的都是大家前所未聞的天文奇觀，而這些科學新知連想像力最豐富的小說家也辦不出來。還有，伽利略的文筆很好也是《星際使者》會暢銷

的重要原因。他如果生在現代，鐵定是個超人氣的科普作家。有人就把他比做是20世紀美國最偉大的科普作家卡爾‧薩根＊。

《星際使者》到底說些什麼，居然會替伽利略製造出那麼多「粉絲」？《星際使者》大致是說：

(1) 月亮並不是像亞里斯多德學派的人說的那樣光滑如鏡，而是坑坑疤疤、山脈起伏；

(2) 月亮的灰光（又稱地球反照，earth shine）來自地球反射的太陽光；

(3) 銀河系其實是由許多星星組成的；

(4) 還有，最勁爆的新聞，我們請主角親自現身說法：

　　1610 年 1 月 7 日凌晨一點，我用望遠鏡觀看天體，看到木星。目前所用性能優良的儀器，使我發現在木星旁邊有三顆很明亮的小星星。以前所用的望遠鏡因為倍數不夠，所以從來沒見過這些小星星。

　　起先我以為它們只是無數的恆星中的三顆，但我還是對它們產生好奇，因為它們排成一條直線，而且這條直線看起來和黃道面＊平行。不但如此，它們比其他同樣大小的星球要明亮許多。

＊卡爾‧薩根（Carl Sagan，1934～1996 年）美國康乃爾大學天文學教授、行星研究實驗室主任和世界聞名的科普作家。他的《宇宙‧宇宙》(Cosmos) 當年高踞《紐約時報》暢銷書排行榜七十週，到現在已經賣出五百萬本。

＊地球繞太陽公轉的軌跡畫出一個橢圓形，包含這個橢圓形的平面叫做黃道面 (ecliptic)。九大行星當中，除了冥王星外，繞日的軌道都很接近黃道面。也就是說，太陽系大部分的行星都差不多在同一個平面上。

這三顆小星星和木星排列成底下的樣子＊：

西方　　　＊ ○ ＊＊　　東方
　　　　　　　木星

有兩顆星星在木星的東邊，一顆在它的西邊。

1 月 8 日，三顆小星星全都在木星的西邊，排列的情形變成：

西方　　　＊＊＊ ○　　東方
　　　　　　　木星

放大鏡

＊伽利略用圓圈代表木星，星號代表他看到的小星星。《星際使者》內所畫的排列圖東方在左邊，西方在右邊，這是星座圖的畫法，和我們平常地圖所遵循的規則相反。星座圖的這種特別設計，使你如果把它的南北方向固定不變，然後把它拿起來仰看，你會發現東西方向這時會顛倒而回到正確的方位。為了避免不必要的混淆，我們採用一般地圖的方位，也就是東方在右邊，西方在左邊。

1月10日，小星星和木星的相對位置變成：

西方 　　○ ** 　　東方
　　　　　木星

小星星只剩下兩顆，第三顆我想是躲到木星後面去了。

起先伽利略以為那三個小星星是恆星，不會移動，所以1月7日到1月8日之間排列位置的變化是由於木星的移動。但是1月10日的排列完全推翻這個想法，因為木星不可能突然改變行進的方向，恆星也不可能突然消失。

唯一合理的解釋是：動的不是木星，是那三顆小星星！它們是繞木星運轉的衛星，當它們走到木星前面或後面時，我們暫時看不到它們，等過了

一陣子才又重新出現。經過仔細的觀察，伽利略不久又發現第四個衛星。

他所發現的是木星最大的四個衛星：伊歐、歐羅巴、蓋那彌、卡麗司多。這四個衛星後來被通稱為「伽利略衛星」*，以紀念這個偉大的發現。

關於四個伽利略衛星的命名，有一個很有趣的故事。伽利略為了向他的贊助者科西摩大公爵示好，不但把《星際使者》題獻給他，還把新發現的四個衛星命名為麥迪齊星，因為科西摩大公爵姓麥迪齊，連

*其實，木星不僅只有這四個衛星。隨著望遠鏡技術的進步，以及20世紀和21世紀的太空探測任務，天文學家發現許多新的木星衛星。光是2003年，他們就發現了二十三個！到2005年年初，公定的木星衛星數目是六十三個，這是伽利略當初做夢也沒想到的。

他自己總共四兄弟，剛好一人分配到一個衛星。後來的天文學家雖然承認伽利略發現了木星的四個最大衛星，卻不接受他建議的名字，而採用了與伽利略同時的德國天文學家馬利爾斯的命名。

伽利略宣布發現四個木星衛星後不久，馬利爾斯就揚言其實他早就發現這些衛星了，只是沒講出來而已。但是大家都不相信馬利爾斯，因為這老兄會抄襲別人的數據，名聲不太好。當年馬利爾斯在帕多瓦大學讀書時，就曾經被人逮到偷抄伽利略的筆記！

雖然如此，馬利爾斯建議的名字來自希臘神話，實在比伽利略建議的名字可愛多了，（你不覺得伽利略有點拍馬屁的味道嗎？）難怪大家願意採

用。讓我們看看這些名字的典故：

伊歐：天神宙斯（宙斯是希臘名字，古代羅馬人把他叫做朱比特）鍾愛的美女，被宙斯的老婆赫拉變成一隻小母牛。

　　宙斯很風流，老是在外面偷腥，把赫拉氣得半死，但是又拿她老公沒辦法，因為宙斯是萬神之王，法力無邊，赫拉打不過他，只好去整她老公的情人。

歐羅巴：腓尼基的公主，有一天在郊外採花時被宙斯看見，宙斯立刻愛上她，於是變成一隻白公牛把她綁架到克里特島。

蓋那彌：特洛依的美少年，宙

斯很喜歡他，變成一隻老鷹把他載到奧林匹斯山去當眾神的酒保。

卡麗司多：宙斯深愛的仙女，被赫拉變成一隻熊。宙斯很捨不得，於是把她放在天上，成為大熊星座。

　　你有沒有發現這四個人物都是宙斯（朱比特）的愛人？古代的羅馬人把木星叫作朱比特，馬利爾斯把木星的四個衛星用朱比特心愛的四個人命名，不是很浪漫，而且很恰當嗎＊？

　　那麼為什麼木星要叫朱比特呢？因為它是太陽系八大行星裡體積最大的，就像八大行星的天王——它的體積能容下一千個地球！而它的質量，是

其他七個行星質量總和的兩倍以上。

放大鏡

＊暫時撇開美麗的名字和浪漫的故事不談，伽利略發現的這四顆衛星，到底真正長得怎麼樣？先給你一點心理準備，你如果覺得既然名字這麼美，人也一定「水噹噹」，你可能會失望喔。

伊歐　比我們的月亮略大，是伽利略衛星裡最接近木星的一顆，核心為液化硫。它的表面布滿火山，這些火山簡直像鞭炮一樣，沒頭沒腦的爆個不停，爆發頻率為整個太陽系第一，而噴出的熊熊硫焰有的甚至高達三百公里（地球上國際航線飛機的高度大概是十公里）。

歐羅巴　這個衛星和伊歐長得完全不同，它的表面覆蓋了一層薄冰，非常光滑，在這層冰底下可能有水存在。有水就可能有生命，所以科學家對它非常有興趣。不過，縱使有生命也不會像電影 ET 裡面那個會騎腳踏車的大個子外星人，很可能只是一些微生物。

蓋那彌　太陽系裡面最大的衛星。事實上，它比水星和冥王星還大。它有兩種不同的表面：明亮的部分非常光滑，很少隕石坑，表示年紀還很輕；陰暗部分則滿布火山和隕石坑，代表比較古老的地形。

卡麗司多　太陽系裡的第三大衛星，體積和水星差不多。表面滿布隕石坑，坑洞的密度之高遠超過太陽系的任何行星或衛星。有些星球上的隕石坑會被冰或火山的熔漿填滿，多少有點「美容」效果。但是卡麗司多自從四十億年前出生時遭到猛烈的隕石轟擊，就一直保留著所有的傷疤，所以成了太陽系的大麻子。

　　你如果乘坐太空船飛到木星附近，會看到非常奇怪的景象。木星不像我們地球有固定的表面，而是一團急速旋轉的氣體（大部分是氫氣）。它的體積那麼大，但是自轉一圈卻只要十小時。也就是說，它自轉的速度是地球的兩倍以上。在木星的南半球有個大紅斑，長得像一個碩大無比的大眼睛，這個眼睛大到可以放得下六個地球。其實，它是一個已經刮了好幾百萬年的颱風。

　　1989 年 10 月 8 日美國的太空梭自甘乃迪角太空中心升空，上面載著一艘無人太空船伽利略號，主要任務是研究木星，木星的衛星和木星的磁場。這艘太空船的命名是為了紀念伽利略發現木星的四個大衛星。升空六年後，1995 年 12

月7日伽利略號抵達目的地，開始環繞木星軌道運轉。

　　伽利略號在木星軌道差不多八年，它有一個非常重要的發現：歐羅巴表面冰層底下有大量的鹹水，含量可能超過地球的含水量，不僅如此，它還有一個薄薄的氧氣層——因此，歐羅巴上面可能有生物！

　　2003年9月23日，伽利略號所載的燃料快用完了，由於發射前它並沒有消毒，為了避免和歐羅巴碰撞造成污染，（要不然，萬一把地球人的感冒傳染給歐羅巴人不就慘了嗎？）科學家引導它撞向木星「自殺」，結束了十四年的任務。

　　為什麼伽利略發現木星的四顆衛星是很勁爆的新聞？因為兩千年來，大家都相信亞里

斯多德的理論，認為地球是宇宙的中心，所有的天體都繞著地球運轉。現在伽利略發現木星有四顆衛星，表示它們是環繞木星在運行。換句話說：並不是宇宙中所有的天體都環繞著地球運轉——亞里斯多德又錯了！

太陽從西邊出來囉！

　　假如妳是個天使臉孔、魔鬼身材、琴棋書畫樣樣精通的大美女和大才女，追求妳的帥哥、才子有一大籮筐，然後來了這麼一個腦滿腸肥、俗氣巴拉的無聊男子向妳求婚，妳當然非常感冒，於是把頭一甩，很不屑的說：「哼！等太陽從西邊出來我才嫁給你！」

　　奉勸妳說這話的時候一定要仔細看看人站在哪裡，因為妳如果剛好去金星旅行，太陽在那裡就是從西邊出來，那個無聊男子可就樂死了！

　　金星這個行星很奇特，不但自轉的方向和地球相反*，而且一天的時間比一年還長*。它通常日落後出現在西

方，日出前出現在東方，因此古代的中國人以為它是兩顆不同的星星，把黃昏出現的那顆叫長庚，黎明出現的那顆叫啟明。除了太陽和月亮以外，金星是天空中最亮的天體。有些人幻想力超豐富，猛一抬頭，發現一個那麼明亮的「不明物」，以為外星人乘坐幽浮來攻打地球，還嚇得趕快打電話報警哩！

伽利略是第一個用望遠鏡觀察金星的人。1610 年秋天，

放大鏡

＊太陽系大部分的行星，包括地球，自轉的方向都是自西向東。但是金星自轉的方向相反，是自東向西，所以妳在金星看太陽是從西邊出來。除了金星外，天王星和冥王星也是反向自轉的怪傢伙。所以在這兩個行星，妳也不能用「等太陽從西邊出來我才嫁給你」那種話去對付無聊男子的求婚。

＊金星繞太陽公轉一周需要兩百二十五個地球天，但是它自轉一周卻要兩百四十三個地球天。所以一個「金星日」比一個「金星年」還要長。

透過望遠鏡，他看到的金星是一顆又小又圓的星球，像一個小型的滿月。慢慢的，它開始虧缺，直徑也同時變大。到了12月底，它變成像一把大鐮刀，然後消失。這種像月亮盈虧的現象，叫做相位變化。

看到金星的相位變化，伽利略簡直樂歪了，它證實了長久以來他對於宇宙的看法（請看第10章）。金星會有盈虧，表示它和地球一樣，都在繞太陽公轉。公轉的過程中，因為金星、太陽、地球相對位置的變化，地球上的人有時會看到金星圓滾滾，像滿月；有時則看到它彎彎如鉤，像月眉。

當太陽在金星和地球之間時，金星把光亮的那一面向著地球，所以它的形狀看起來像滿月。可是，因為這時它離地

球最遠，因此看起來直徑很小，像個小圓球。當金星在太陽和地球之間時，金星把黑暗面向著地球，因此它的形狀像月眉。因為這時它離地球最近，所以看起來直徑最大，像把大鐮刀。

發現金星的相位變化，是伽利略對天文學很重要的貢獻，也是對亞里斯多德學派重大的打擊。他開始公開談論行星環繞太陽的理論，因此一步一步走向和天主教教會衝突的道路。這條道路的盡頭，就是可怕的宗教審判。

9 三隻腳的烏鴉

　　大概在兩千年前，中國東漢時期的王充，花了三十年的工夫，寫成一本長達二十萬字的《論衡》。在〈說日〉篇裡，他說：「日中有三足烏。」這句話翻譯成白話就是：「太陽裡面有三隻腳的烏鴉。」所以那時的中國人很可能已經發現太陽黑子的存在。

　　中國人看見太陽裡面有三隻腳的烏鴉之後的一千五百年，也就是1612年秋天，伽利略收到一封寄自德國的信。寫信的人說，他用望遠鏡觀察太陽*（請注意！請馬上看「放大鏡」，縱使急著要上廁所也請看完再去上，要不然你的眼睛可能會瞎掉！）發現太陽前面

有黑點。寄信人是個虔誠的天主教教士，也是亞里斯多德的信徒，他認為這些黑點不在太陽表面，而是環繞太陽運轉的小星球——因為太陽是上帝創造的天體，表面絕不可能有任何瑕疵。

收到信後，伽利略用望遠鏡仔細觀察太陽好幾個禮拜，他看到這些黑點會移動，而且大小會隨位置的不同而改變。它們在太陽正前方時體積比較大，等走到太陽邊緣時就變小了。這情形就像一個轉動的球上有黑斑，在面對我們的時

放大鏡
＊請絕對不要用眼睛或望遠鏡直接看太陽，否則你的眼睛會被燒壞。如果要用望遠鏡觀察太陽，請在離接目鏡一公尺的地方放一張白紙板，然後看白紙板上的影像。為了讓影像更清晰，你可以在接目鏡的鏡筒套上一張紙板，把影像四周的陽光擋住。

候，黑斑顯得最大；等它轉到
球的邊緣時，它的體積看起來
就變小了。

從這些觀察的結果，伽利
略得到兩個很重要的結論：

(1) 這些黑點位於太陽表面，並不
是環繞太陽的星球。不過，他
不能確定這些黑點到底是什麼
東西＊；

(2) 太陽會自轉，週期差不多三十
天＊。

第一個結論使他覺得亞里
斯多德「完美天體」的理論簡
直瞎說＊；第二個理論則支持
了哥白尼的地動說（請看第10章）。

放大鏡 ＊我們現在知道黑子是太陽表面比較冷的區域。嘿，不要一聽到「冷」就以為可以把冰棒、生魚片儲存在那裡。它們雖然「冷」，也有攝氏三千五百度左右呢！比起太陽表面其他區域高達攝氏五千五百度的溫度，當然要「冷」多了。

它們會被稱為「黑」子，也是因為溫度的關係。越熱的東西看起來越亮，因為太陽黑子比周圍的區域冷，所以看起來也就比較暗。

＊伽利略的觀察很準確。根據我們目前的測量，太陽的自轉週期在它的赤道（它的肚子）大約是二十五天；在它的南北極（它的頭頂和腳底）大約是三十五天。為什麼不同地方有不同的自轉週期？因為太陽是個超大型的「氣」球（71% 的氫氣，27% 的氦氣，和其他一些少量有的沒有的氣體），並沒有一個固體的表面。試著想像一團旋轉的煙霧，是不是有的地方會轉得比較快，有的地方轉得比較慢？

＊兩年半以前，他用望遠鏡觀察月亮，發現月亮坑坑疤疤、山脈起伏，就已經讓他覺得「完美天體」的理論是一派胡言。

10 到底是天旋，還是地轉？

有一句話說得很好：「你如果什麼時候覺得自己很了不起，就走到外面看看星星。」這句話的意思是，藉由宇宙的浩瀚顯出人類的渺小，讓我們多一點謙遜之心。

想像地球上每一粒砂代表天上一顆星星，我們的太陽便只是這些數不盡的砂粒中的一顆。事實上，整個宇宙星星的數目遠超過地球上砂粒的數目。說得更精確一點：

(1) 光的速度為每秒三十萬公里。太陽離我們非常遙遠，因此它的光線需要走八分鐘才能到達地球。但是，光線需要走十萬年才能從我們銀

河系的這邊到達銀河系的另外一邊！

　　單是我們一個銀河系已經大得不可思議，而全宇宙有一千億個像我們這樣的銀河系（天文學上叫做星系）。你能想像宇宙有多大嗎？

　　一千億到底有多大？它是 1 的後面接 11 個 0，把它用阿拉伯數字寫出來就是：

　　100,000,000,000 。

(2) 每個星系平均又有一千億個星球，所以整個宇宙大概總共有一百億兆個星球。一百億兆又有多大？它是 1 的後面接 22 個 0，把它用阿拉伯數字寫出來就是：

　　10,000,000,000,000,000,000,000 。

(3) 我們的太陽在整個宇宙一百

億兆個星球裡，只能算是一個非常不起眼的小角色。但是即使一個這麼「不起眼」的太陽，也大到能夠容納一百三十萬個地球！

地球在整個宇宙中所占的比例實在太小、太小了，如果有一天地球因為核子戰爭或彗星撞擊而毀滅，所有人類死光光，在遙遠的宇宙角落那些外星人根本不會留意到，就像太平洋裡有一個小水泡破滅了，我們不會知道，縱使知道了，也不會關心。

所以，我們有什麼好臭美的？

但是在伽利略時代的人可不這麼想，他們認為地球是宇宙的中心，靜止不動，所有其他的天體，包括月球、行

星＊、太陽、星星都繞地球運轉。這個自我膨脹的想法最先由亞里斯多德提出，後來在 2 世紀時被埃及的天文學家托勒密發揚光大。

亞里斯多德和托勒密的「天動說」因為和《聖經》教義吻合，得到當時天主教教會的強烈支持。兩千年來，大家習以為常，都一口咬定地球是宇宙的中心，就像大家理所當然認為重的東西掉落的速度比輕的東西快一樣（請看第 2 章）。

1514 年波蘭天文學家哥白尼寫了一本影響整個世界的小書，但是因為怕教會找麻煩，書上沒有作者的名字。

書的大意是說:「嘿！亞里斯多德和托勒密，你們都搞錯了！靜止不動的是太陽＊，不是地球。你們每天晚上看到星

星從東邊升起西邊落下那是因為地球的自轉；你們看到行星有時會往回走＊，那是因為地

放大鏡

＊除了地球以外，那時只知道有水星、金星、火星、木星、土星。其他的天王星、海王星、冥王星是後來才發現的。

＊我們現在知道整個太陽系，包括太陽、九大行星、行星的衛星、小行星、彗星、流星，都繞著銀河系的中心在運轉，每兩億兩千五百萬年轉一圈。五百年前哥白尼當然不知道太陽也在動，但是他在那時能夠提出「地動說」已經非常了不起了。

＊天文術語叫「逆行」(retrograde motion)。拿火星做例子，如果你每天晚上在同一個時間看它，而且留意它和旁邊星座的相對位置，你會發現每個晚上它的位置都會往東邊走一點。可是，差不多每兩年一次，火星往東走的速度會越來越慢，終於停止，然後開始掉轉方向往西走。這樣「逆向行駛」幾個星期後，它又掉頭，恢復正常往東走的方向。

會有這種很奇怪的現象，是因為地球和火星都是以自西向東的方向環繞太陽，但是地球在內圈，火星在外圈，所以地球的速度比火星快（離太陽越近的行星，受到的太陽引力越大，公轉速度也越快）。每次地球從後面趕上火星的時候，就會產生「逆行」的現象，就像我們開車超過一架比我們慢的車時，一剎那間我們會有一個錯覺，覺得對方好像在往後退。伽利略在他所寫的《關於兩大世界體系的對話》裡，對於火星的逆行有很清楚的解釋。

事實上，所有公轉軌道在地球外面的行星都有逆行的現象，這些「外圈」的行星包括火星、木星、土星、天王星、海王星、冥王星。

球和其他行星在繞太陽公轉。」

這本書並沒有出版發行，只是以手抄本的形式在朋友之間祕密流傳，外面的人不知道，所以沒出什麼問題。

過了大約三十年，哥白尼年紀大了，不想再這樣躲躲藏藏，於是在 1543 年把他的「地動說」公然出版，而且書名大刺刺的就叫做《論天體的運轉》。

書一出版，簡直像一顆石頭打到蜜蜂窩，好多保守派的教會分子和天文學界的老冬烘都跳出來罵。哥白尼很幸運，沒被教會抓去修理，因為：波蘭離羅馬很遠，教會鞭長莫及；還有，書才出版不久，哥白尼就死了。

不過，教會並沒完全放過他。1616 年，教會還是把《論

天體的運轉》列為禁書。

　　有一個叫布魯諾的義大利神父就沒那麼幸運。他不僅相信哥白尼的地動說，而且更進一步認為宇宙無限，像我們的太陽和行星這樣的太陽系可能有千千萬萬個，不光是如此，說不定在別的世界裡，還有比我們更聰明百倍的生物存在哩！

　　布魯諾的理論其實很接近現在的天文學，但是在四百年前，這可是離經叛道的反動言論，簡直把天主教會氣炸了。布魯諾到處公然宣揚這些理論，完全不理會教會的警告。這樣大鳴大放了十年以後，到最後教會實在忍無可忍，只好把他送上火刑柱當烤肉。

　　伽利略很努力要避免當烤肉，但是他有科學家的硬骨頭

和臭脾氣，所以到後來還是因為公開支持地動說而吃足了苦頭。

11 事情嚴重了！

　　從 1610 年開始，伽利略用望遠鏡觀察天空，得到許多令人眼界大開的成果，使他深信亞里斯多德的天文學說是錯的，哥白尼才是對的＊。歸納起來，伽利略收集到底下這些證據：

(1) 亞里斯多德認為月亮是個完美的天體，像一個光滑如鏡

放大鏡

　　＊哥白尼是個神父，他雖然提出「轟動武林，驚動萬教」的地動說，但還是相信上帝的存在。依照他的想法，整個宇宙，包括行星軌道，都是上帝創造的作品。而全知萬能的上帝創造出來的東西絕對完美無缺。因此，所有的行星軌道一定都是圓形，因為只有圓形才是完美無缺的形狀。

　　後來，德國天文學家科普勒（Johannes Kepler，1571～1630年）發現行星環繞太陽的軌道其實是橢圓形，不是圓形，所以哥白尼並不是百分之百正確。但是哥白尼能提出地動說已經是了不起的貢獻，我們就不要雞蛋裡挑骨頭了！

的圓盤，其實它根本就坑坑疤疤，而且山陵起伏；

(2) 太陽表面有黑子，也不是是完美的天體；

(3) 既然太陽會自轉，地球也有可能像哥白尼說的會自轉，而不是固定不動；

(4) 火星逆行的現象表示火星和地球都在繞太陽公轉；

(5) 亞里斯多德說宇宙所有的天體都環繞地球運轉，但是木星有四個衛星（我們現在知道其實有六十三個），表示它們是在繞木星運轉，而不是地球；

(6) 金星有盈虧的現象（也叫相位的變化），表示它在繞太陽運轉，而不是地球。

其實伽利略很早就相信哥白尼的地動說，但是那時還沒

什麼證據支持他的論點，所以不敢太囂張，免得像布魯諾那樣被抓去當烤肉。等到他用望遠鏡觀察天空，得到足夠的證據，他的膽子越來越大，開始公然支持地動說。

就像聽到荷蘭人發明望遠鏡的事情一樣（請看第5章），他的麻煩又是從吃一頓飯開始的。更倒楣的是，吃這頓飯的不是他自己，而是他的學生兼好友卡斯特立。伽利略在帕多瓦大學教過卡斯特立，很欣賞這個學生，後來和他一直維持亦師亦友的關係，也找機會提拔他，包括把他推薦到比薩大學當教授。

1613 年 12 月科西摩大公爵和他的母親克莉絲蒂娜老公爵夫人邀請卡斯特立到他們的王宮作客。在宴席上老公爵夫人

問卡斯特立:「卡斯特立教授，你覺得哥白尼的理論和《聖經》有沒有牴觸？」

卡斯特立受到伽利略的影響，早就是個哥白尼的忠實信徒。他年輕氣盛，聽到老公爵夫人這樣問，認為宣揚地動說的好機會來了，於是馬上自信滿滿的說:「公爵夫人，種種科學證據顯示，哥白尼的理論非常正確，如果《聖經》有什麼不同的說法，很可能是《聖經》有問題！」

公爵夫人說:「可是，卡斯特立教授，《聖經》是神的話，全知萬能的神怎麼可能錯？」

卡斯特立說:「公爵夫人，真理只有一個。當科學的證據顯示《聖經》的說法可能有問題時，我覺得我們應該接受這

個事實。」

接著又滔滔不絕講了一大堆伽利略的天文觀察結果，和它們如何證實了地動說。老公爵夫人是個非常虔誠的天主教徒，很不喜歡卡斯特立這樣公然批評《聖經》。但是她為人很忠厚，所以沒當場發飆。

卡斯特立看老公爵夫人不吭聲，以為她被說服了，心裡非常高興，回家後立刻寫了一封信向他的老師報告「戰果」。伽利略看了信，發現卡斯特立的論點不夠周詳，而且表達方法太過強悍，很難令人心服口服。於是回了一封信，闡釋他對宗教和科學的看法。

伽利略在信裡說：

宗教和科學是兩碼子事，不能混為一談。上帝寫了兩本

書，一本是莊嚴崇高的聖諭，另外一本便是大自然的真理。這兩本書都一樣正確。

上帝的聖諭透過《聖經》傳達給信徒，為了要讓大家都能瞭解神的旨意，《聖經》所用的語言盡量通俗平順，所舉的例子也盡量符合一般人的日常生活經驗，好讓一般人能看得懂，而且能夠引起共鳴。像它說太陽繞地球運轉就是個例子，因為在生活經驗當中，我們的確看到太陽從東方升起從西方落下。

但是大自然這本書完全不同，它所呈現的是客觀的描述，不是主觀的闡釋。在這本書裡，一就是一，二就是二，它不會為了要讓我們讀得懂而故意作什麼改變。因此，如果大自然說地球在動，我們應該

相信，因為這是透過邏輯思考和確實的證據得到的真理，和《聖經》譬喻性的解釋不同。

其實，伽利略的意思和卡斯特立一樣，都是：如果宗教和科學發生衝突時，宗教要聽科學的。伽利略只是說得比較客氣罷了。

卡斯特立收到這封信，如獲至寶，對他恩師的真知灼見和華麗的文采佩服得五體投地，於是把信抄了幾份，分送給一些朋友傳閱。

很不幸，其中一份抄本流入天主教的保守派手裡，他們立刻向宗教法庭告密，控告伽利略違背《聖經》的教導，公然宣揚哥白尼的地動說。宗教法庭審查結果，雖然認為證據不足，沒有對伽利略起訴，可

是宗教法庭審判官貝拉米諾卻已經對伽利略展開祕密調查。

這個貝拉米諾不是個好惹的角色，很多人聽到他的大名都會渾身發抖，因為當年就是他把布魯諾送上火刑柱的！

情況已經不太妙，偏偏有個叫做佛司卡里尼的教士又跳出來火上加油，在 1615 年寫了一本小書，不但支持哥白尼，也支持伽利略。他送了一本書給伽利略，伽利略能找到知音當然非常高興。但是這個佛司卡里尼不知道身上哪裡長錯一根筋，居然把他的書也送了一本給貝拉米諾。

哥白尼的學說和伽利略的天文觀測結果已經把教會搞得烏煙瘴氣，令貝拉米諾非常不爽，現在又收到這麼一本公開支持地動說的書，而且還是個

神職人員寫的，更是「駱駝身上最後一根稻草」，把貝拉米諾氣得暴跳如雷，於是立刻寫了一封信教訓佛司卡里尼。

信上說，哥白尼的理論作為一種數學假設可以，但是絕對不可以當真，因為牴觸《聖經》是大不敬，是非常嚴重的罪行。

貝拉米諾同時把這封信的副本寄給伽利略。伽利略一收到信就知道「事情嚴重了！」書又不是他寫的，貝拉米諾幹嘛寄信給他？伽利略知道宗教法庭已經盯上他，貝拉米諾這封信是個「殺雞儆猴」的警告，意思是:「伽利略，你給我收斂一點，要不然有你好看！」

伽利略馬上趕到羅馬，想要向貝拉米諾當面解釋，但是貝拉米諾根本不見他。一直到

了 1616 年 2 月 26 日，貝拉米諾才召見伽利略。

一見面，貝拉米諾不讓伽利略有任何辯解的機會，而是直截了當向他傳達教皇的警告。

貝拉米諾說：「伽利略，奉教皇陛下聖諭，要本席嚴重警告你：你必須馬上放棄哥白尼學說，否則會被逮捕下獄！」

幾天後宗教法庭頒布教諭：「地球環繞太陽運轉的觀點，不但愚蠢荒謬，而且與《聖經》牴觸，是異端的學說。從現在開始，哥白尼和佛司卡里尼的著作列為禁書！」

12 它還是在動啊！

　　宗教法庭的禁令使得伽利略收斂很多，不敢再像以前那樣公開宣揚哥白尼的學說。

　1623年，教皇去世，新教皇烏爾班八世繼位。新教皇是伽利略的朋友，很欣賞他的才華。伽利略興奮得不得了，心想：「這下子咱要出頭天了！」

　　新教皇即位的第二年，伽利略到羅馬朝見。教皇很熱誠的招待伽利略，在他停留羅馬期間，總共召見六次。

　　有一次，伽利略看教皇心情很好，就趁機對教皇說:「陛下，如您所知，臣和哥白尼都是虔誠的教徒，臣甚至有兩個女兒都在當修女＊。地動說雖然主張地球繞日而行，並沒有

任何褻瀆上帝之處，宇宙間的太陽、地球、星辰仍然為全知全能的神所創。為了追求真理，彰顯大自然的神奇美妙，能否請您考慮解除地動說的禁令？」

教皇說：「伽利略，地動說在教會內部已經造成很大的分歧，我目前無法考慮解除禁令。不過，你的文筆很好，我希望你能夠以對話的方式，寫一本書比較托勒密和哥白尼的學說。」

說到這裡，教皇眼睛盯著伽利略，很嚴肅的說：「你要知

放大鏡

＊這是真的。伽利略在帕多瓦教書的時候，有一次去威尼斯玩，認識一個女孩子，很快陷入熱戀。但是伽利略的老媽嫌女孩子家世不好，不准他們結婚。兩個人後來同居，生了兩個女兒和一個兒子。那時候的觀念很傳統，兩個女兒因為是非婚生子女，沒有人要娶她們。伽利略只好把她們送去當修女。

道，現在教會裡面有許多人對你有很大的誤解和不滿，這是一個很好的機會，希望你好好把握。」

　　教皇的意思再清楚不過，他是要伽利略「戴罪立功」，假裝以很客觀的討論方式，寫一本書支持托勒密和亞里斯多德的天動說，同時打擊哥白尼的地動說。

　　伽利略卻不吃這一套，他有科學家的臭脾氣，明明所有的證據都支持地動說，他如何能昧著良心說地球是宇宙的中心？不過，為了怕惹麻煩，在書裡面他除了詳細解釋哥白尼的理論之外，也盡量介紹托勒密和亞里斯多德的學說。不但如此，他寫完每一章，就馬上送去給教皇審核。

　　書以對話的形式寫成。他

創造了三個人物：一個代表亞里斯多德學派發言；一個代表哥白尼；一個代表一般民眾。花了四年，終於把書寫完了，取名為《關於兩大世界體系的對話》，出版後大受歡迎。

沒想到教皇突然翻臉，下令傳喚伽利略到羅馬接受審判。伽利略那時正在生病，沒辦法長途旅行到羅馬。拖了兩個月，他還是非常虛弱，但是宗教法庭下了最後通牒，要他馬上到羅馬報到，不然就派軍隊來逮捕。

到今天為止，歷史學家還是不知道教皇本來對伽利略那麼好，為什麼會突然翻臉像翻書。有一種說法是，在《關於兩大世界體系的對話》裡，代表亞里斯多德學派的那個虛構人物叫做辛普利西歐，而這個

名字和「頭腦簡單」諧音，所以有人就向教皇進讒言，說伽利略在諷刺他。

審判進行兩個多月，宗教法庭以異端罪對他起訴，控告他違反 1616 年的禁令，繼續傳播和教導哥白尼的地動說。異端罪不是開玩笑的，它的刑罰輕則監禁，重則酷刑，甚至處死。審判官給伽利略兩個選擇：認罪，並且真心懺悔，法庭可以考慮減輕刑罰；或者繼續抗辯，準備接受酷刑。

伽利略這時已經是個七十歲的老人，身體因為生病而變得非常虛弱。這麼一個手無縛雞之力，又老又病的書生，怎麼受得了宗教法庭的酷刑？他沒辦法，只好屈服。

1633 年 6 月 22 日，伽利略被宗教法庭的衛兵帶到審判團

前面。衛兵大聲斥喝：「跪下！」

伽利略跪下，主審官開始宣讀起訴書。念完後，主審官問他：「伽利略，你認罪嗎？」

伽利略顫抖著聲音回答：「我——認——罪——」

主審官把一份事先準備好的悔過書交給伽利略，他開始念：

我，伽利略，已故的文生吉歐‧伽利略之子，今年七十歲……我曾經有錯誤的觀念，認為太陽固定不動，是宇宙的中心；而地球會移動，不是宇宙中心。宗教法庭因此給我善意的規勸，要我不再以口頭或書面支持或教授這些錯誤的學說……雖然如此，我還是寫了一本書，大力鼓吹這些謬論……

　　為了要讓各位大人和虔誠的教徒不再對我有所懷疑，在此我以真誠的心意撤回、詛咒、唾棄這些違反天主教教義的異端邪說……

　　伽利略讀完悔過書，宗教法庭宣布判決：終生監禁，《關於兩大世界體系的對話》列為禁書。

　　聽完判決，伽利略非常沮喪，也非常生氣，雖然在酷刑的威脅之下，不得不表面上宣布放棄地動說的信念，但是心裡還是很不服氣。所以，當他從地上站起來時，他用只有自己聽得到的聲音說：「可是，它（地球）還是在動啊！」

13 主角謝幕

　　伽利略從地上站起來時，說的雖然是氣話，但也是實話。宗教法庭可以用威脅恐嚇的蠻橫方式叫他屈服，但是卻無法命令地球停止自轉和公轉。

　　伽利略會有這麼多的新發現，主要因為他不迷信權威，而是用實驗方法讓證據自己說話，再加上嚴密的數學分析得到客觀的結論。如果你對理工有興趣，可是一提到數學就頭痛，那麼請你一定要聽聽伽利略關於數學的名言：

　　浩瀚宇宙這本大書隨時打開著供人閱讀，它描述科學的真理。……這本大書以數學的

語言寫成，所用的符號是三角形、圓形和其他的幾何形狀。沒有數學，人類將無法瞭解書上的隻字片語；沒有這些幾何符號，人類將永遠迷失於黑暗的迷宮。

　　數學是一種語言，我們藉由它來讀宇宙這本大書；就像音符是一種語言，我們藉由它來進入音樂的殿堂。你如果有志於科學，請在數學上加把勁。

　　伽利略和亞里斯多德並沒有什麼深仇大恨，他雖然老是找亞里斯多德的碴，其實是對事不對人。一個真正的科學家本來就應該這樣，對就是對，錯就是錯，不能模稜兩可和稀泥。

　　可是，「修理人者，人恆

修理之」，他挑了亞里斯多德很多毛病，好像很神勇的樣子，沒想到後來牛頓也挑他毛病。

伽利略太喜歡地球自轉和公轉的理論，居然用它來解釋潮汐的原因。很不幸，這回他錯了。我們現在知道，形成潮汐的主要原因是月球的引力和太陽的引力＊。這個正確的理論是牛頓提出的，因為他發現了萬有引力，也用它來解釋潮

＊還有第三個主要的原因。

我們說月球繞著地球轉，這是大略的說法，基本上沒錯，但是在計算潮汐的高度時，我們卻需要用一種比較精確的說法：就是地球和月球都繞著「地—月系統的質量中心」在旋轉。

所謂「地—月系統的質量中心」，是物理學家為了使計算變得簡單而想出來的主意。用這個方法計算時，你可以假裝地球和月球不是兩個天體，而是已經揉合成一個超重的小彈珠，而這個小彈珠的位置就是在「地—月系統的質量中心」。

地球繞著「地—月系統的質量中心」旋轉時會產生離心力，這個離心力便是形成潮汐的第三個主要原因。

汐的成因。

伽利略去世那一年牛頓才出生，所以伽利略不曉得有萬有引力，當然也就無法正確的解釋潮汐的成因。這就像亞里斯多德的時代沒有望遠鏡，他當然看不到月球表面崎嶇不平，也看不到木星的衛星，因此他會相信天體完美，並且所有的天體都環繞地球運轉。

亞里斯多德的錯誤無損於他的偉大；就像伽利略的錯誤也無損於他的偉大。科學本來就是經由這種「長江後浪推前浪」的方式進步的。

伽利略的潮汐理論雖然錯了，他至死深信的地動說卻是正確的。一直到 1992 年，天主教教會才正式修正地球不動的觀點，並且承認當年對伽利略的審判是個錯誤。伽利略足足

等了三百六十年，才得到這個平反*。

想像我們是在看電影，現在故事講完了，1992 年教皇公開認錯的畫面慢慢淡出，銀幕一片漆黑，所有的音響都安靜下來。然後，我們聽到臭脾氣的伽利略粗著喉嚨，大聲嚷嚷說：「喂——！這太扯了吧！」

劇終。

放大鏡

*這個烏龍事件令我們想起英國政治家格雷斯東（William Gladstone，1809～1898 年）的名言：「遲來的正義不是正義。」(Justice delayed, is justice denied.)

1564 年　出生在比薩。

1589 年　在比薩大學任教。

1590 年　在比薩斜塔舉行了著名的自由落體實驗。

1592 年　進入帕多瓦大學擔任數學教授，在那裡度過十八年的快

樂時光。

1610 年　移居佛羅倫斯，開始用望遠鏡進行天文觀測和研究，並發

現木星的四顆衛星，為哥白尼的學說提供了證據。同年 3

月 12 日，出版《星際使者》一書，造成轟動。

1615 年　受到羅馬宗教法庭的傳訊。

1632 年　出版《關於兩大世界體系的對話》。

1633 年　被羅馬教廷宗教裁判所判處終生監禁,《關於兩大世界體

系的對話》列為禁書。

1642 年　1 月 8 日,病逝。

1992 年　天主教教會正式修正地球不動的觀點 , 並承認當年對伽

利略的審判是個錯誤。

獻給孩子們的禮物

「世紀人物100」

訴說一百位中外人物的故事

是三民書局獻給孩子們最好的禮物！

◆ 不刻意美化、神化傳主，使「世紀人物」更易於親近。

◆ 嚴謹考證史實，傳遞最正確的資訊。

◆ 文字親切活潑，貼近孩子們的語言。

◆ 突破傳統的創作角度切入，讓孩子們認識不一樣的「世紀人物」。

藝術家系列

榮獲2002年
兒童及少年讀物類金鼎獎

第四屆
人文類小太陽獎

～帶領孩子親近二十位藝術巨匠的心靈點滴～

喬托	達文西	米開蘭基羅	拉斐爾
拉突爾	林布蘭	維梅爾	米勒
狄嘉	塞尚	羅丹	莫內
盧梭	高更	梵谷	孟克
羅特列克	康丁斯基	蒙德里安	克利

 兒童文學叢書

影響世界的人

在沒有主色，沒有英雄的年代
為孩子建立正確的方向
這是最佳的選擇

一套十二本，介紹十二位「影響世界的人」，看：

釋迦牟尼、耶穌、穆罕默德如何影響世界的信仰？

孔子、亞里斯多德、許懷哲如何影響世界的思想？

牛頓、居禮夫人、愛因斯坦如何影響世界的科學發展？

貝爾便利多少人對愛的傳遞？

孟德爾引起多少人對生命的解讀？

馬可波羅激發多少人對世界的探索？

國家圖書館出版品預行編目資料

星際使者：伽利略 / 李寬宏著;徐福騫繪.－－初版二刷.－－臺北市：三民，2009
面；　公分.－－(兒童文學叢書 / 世紀人物100)

ISBN 978-957-14-4860-2　(平裝)

1.伽利略(Galilei, Galileo, 1564-1642) 2.傳記 3.通俗作品

784.58　　　　　　　　　　　　　　　　　96017288

© 　星際使者：伽利略

著 作 人	李寬宏
主　　編	簡　宛
繪　　者	徐福騫
責任編輯	李玉霜
美術設計	黃顯喬
發 行 人	劉振強
著作財產權人	三民書局股份有限公司
發 行 所	三民書局股份有限公司
	地址　臺北市復興北路386號
	電話　(02)25006600
	郵撥帳號　0009998-5
門 市 部	(復北店)臺北市復興北路386號
	(重南店)臺北市重慶南路一段61號
出版日期	初版一刷　2008年1月
	初版二刷　2009年10月
編　　號	S 781510

行政院新聞局登記證局版臺業字第○二○○號

有著作權‧不准侵害

ISBN 978-957-14-4860-2 　(平裝)

http://www.sanmin.com.tw　三民網路書店
※本書如有缺頁、破損或裝訂錯誤，請寄回本公司更換。